AF284774

Impressum
Verlag: BABADADA GmbH, Nedderfeld 112 , 22529 Hamburg
Geschäftsführer / Verlagsleitung: Harald Hof
Druck: Books on Demand GmbH, In de Tarpen 42, 22848 Norderstedt

Imprint
Publisher: BABADADA GmbH, Nedderfeld 112 , 22529 Hamburg, Germany
Managing Director / Publishing direction: Harald Hof
Print: Books on Demand GmbH, In de Tarpen 42, 22848 Norderstedt

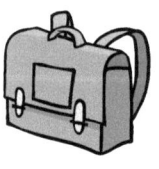

shule
el colegio

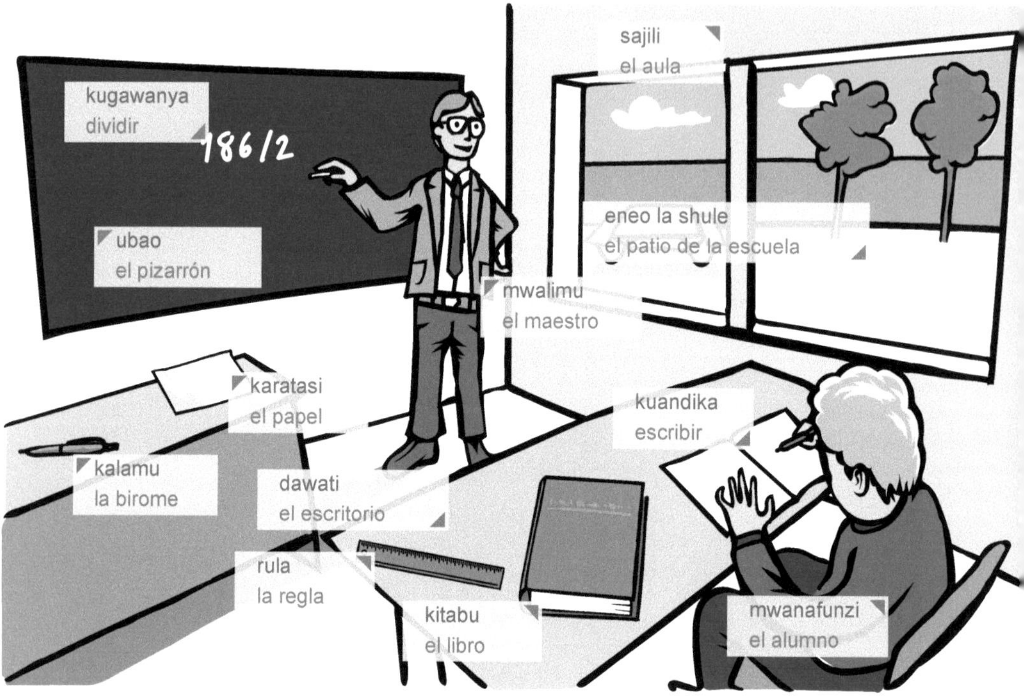

sajili
el aula
kugawanya
dividir
186/2
ubao
el pizarrón
eneo la shule
el patio de la escuela
mwalimu
el maestro
karatasi
el papel
kuandika
escribir
kalamu
la birome
dawati
el escritorio
rula
la regla
kitabu
el libro
mwanafunzi
el alumno

mkoba

la mochila

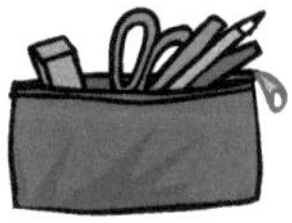

kikasha cha penseli

la caja de lápices

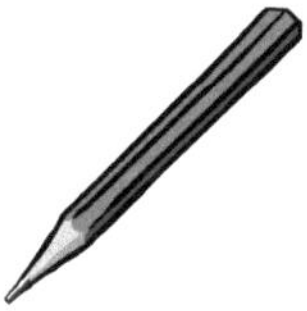

penseli

el lápiz

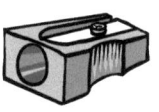

kichonga penseli

el sacapuntas

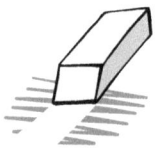

mpira

la goma (de borrar)

pedi ya kuchora

el bloc de dibujo

uchoraji

el dibujo

brashi ya rangi

el pincel

sanduku la rangi

la caja de pinturas

mkasi

la tijera

gundi

el pegamento

daftari

el cuaderno de ejercicios

kazi ya nyumbani

la tarea

nambari

el número

2+2

jumlisha

sumar

5-2

ondoa

restar

zidisha

multiplicar

kokotoa

calcular

A

barua

la letra

ABCDEFG
HIJKLMN
OPQRSTU
VWXYZ

alfabeti

el abecedario

neno

la palabra

maandishi

el texto

kusoma

leer

chaki

la tiza

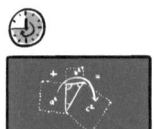

somo

la lección

sajili

el cuaderno de clase

uchunguzi

el examen

cheti

el certificado

sare za shule

el uniforme escolar

elimu

la educación

elezo

la enciclopedia

chuo kikuu

la universidad

darubini

el microscopio

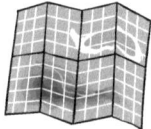

ramani

el mapa

kikapu cha kuweka karatasi chafu

el tacho (de basura)

usafiri
el viaje

hoteli
el hotel
hosteli
el hostel
ROOMS
Grand
ofisi ya ubadilishanaji
la casa de cambio
sanduku
la valija
gari
el auto

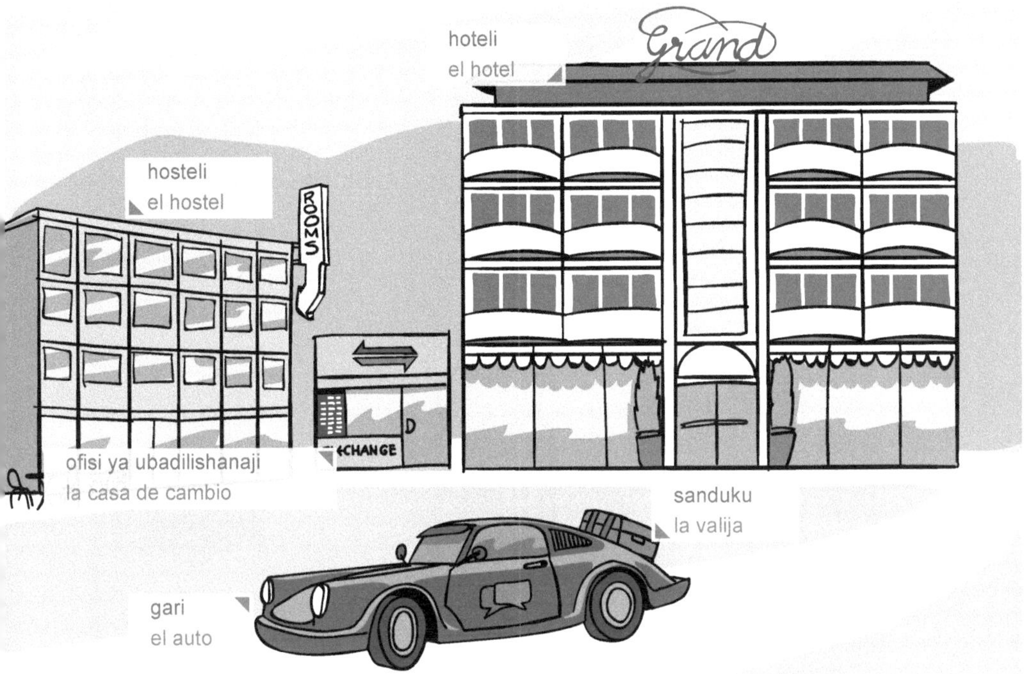

lugha

el idioma

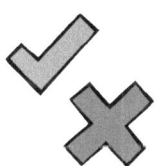

ndiyo / la

sí / no

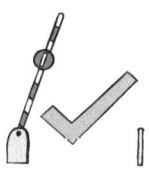

sawa

Está bien

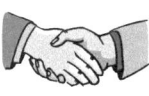

hujambo

hola

mtafsiri

el traductor

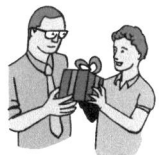

Asante

Gracias

kiasi gani ni ...?

¿cuánto cuesta...?

Sielewi

No entiendo

tatizo

el problema

Jioni njema!

¡Buenas tardes!

Habari za asubuhi!

¡Buenos días!

Usiku mwema!

¡Buenas noches!

kwa heri

el adiós

mwelekeo

la dirección

mizigo

el equipaje

mfuko

el bolso

shanta

la mochila

mgeni

el invitado

chumba

la habitación

begi la kulalia

la bolsa de dormir

hema

la carpa

taarifa ya utalii

la información turística

ufuo

la playa

kadi

la tarjeta de crédito

kifunguakinywa

el desayuno

chakula cha mchana

el almuerzo

chakula cha jioni

la cena

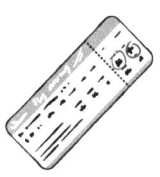

tiketi

el pasaje

kuinua

el ascensor

muhuri

el sello

mpaka

la frontera

mila

la aduana

ubalozi

la embajada

visa

la visa

pasipoti

el pasaporte

usafiri

el transporte

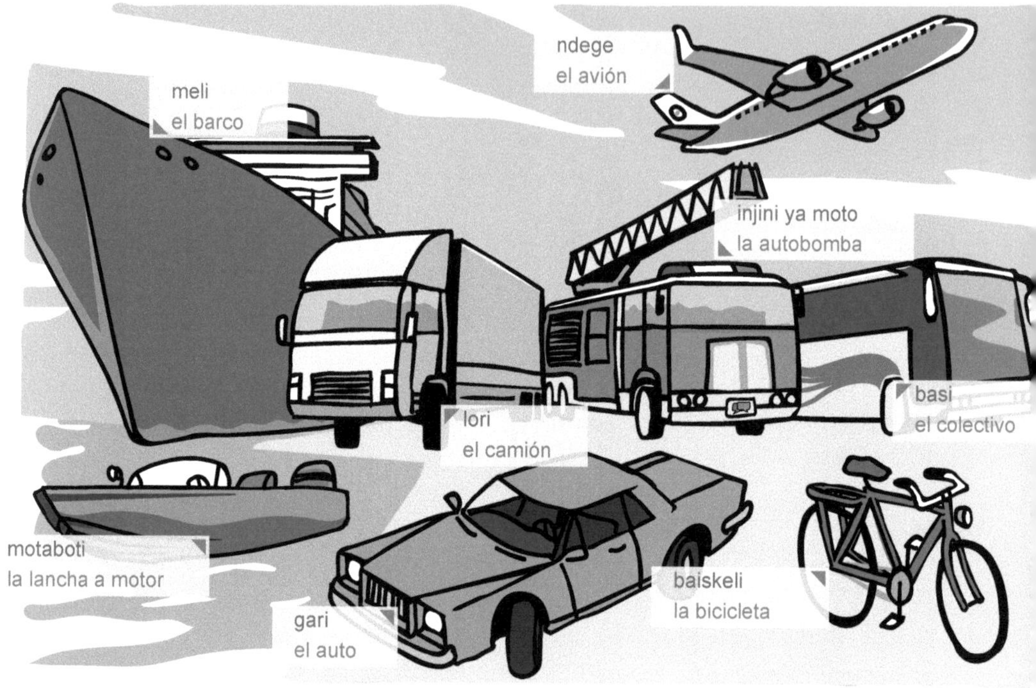

ndege
el avión
meli
el barco
injini ya moto
la autobomba
basi
el colectivo
lori
el camión
motaboti
la lancha a motor
baiskeli
la bicicleta
gari
el auto

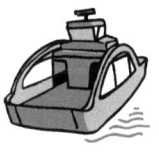

feri

el ferry

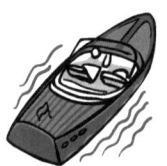

mashua

el bote

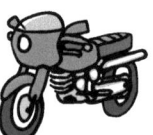

pikipiki

la moto

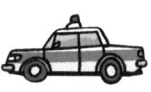

gari la polisi

el patrullero

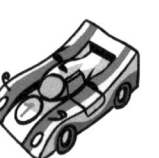

gari la mashindano

el auto de carreras

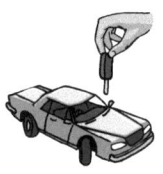

gari la kukodisha

el auto de alquiler

kushiriki gari

el alquiler de autos

lori la kuvuta

la grúa

ukusanyaji taka

el camión de la basura

motor

el motor

mafuta

la nafta

kituo cha mafuta

la estación de servicio

ishara trafiki

la señal de tránsito

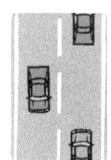

trafiki

el tránsito

msongamano

el embotellamiento

maegesho

el estacionamiento

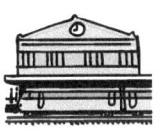

kituo cha treni

la estación de tren

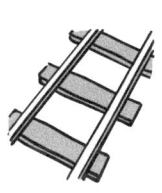

reli

las vías

garimoshi

el tren

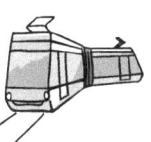

tremu

el tranvía

gari la mizigo

el vagón

helikopta

el helicóptero

uwanja wa ndege

el aeropuerto

mnara

la torre

abiria

el pasajero

chombo

el contenedor

katoni

la caja de cartón

mkokoteni

la carretilla

kikapu

la canasta

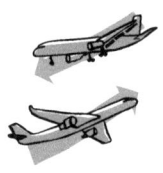

ondoka

despegar / aterrizar

jiji

la ciudad

kijiji

el pueblo

katikati ya jiji

el centro de la ciudad

nyumba

la casa

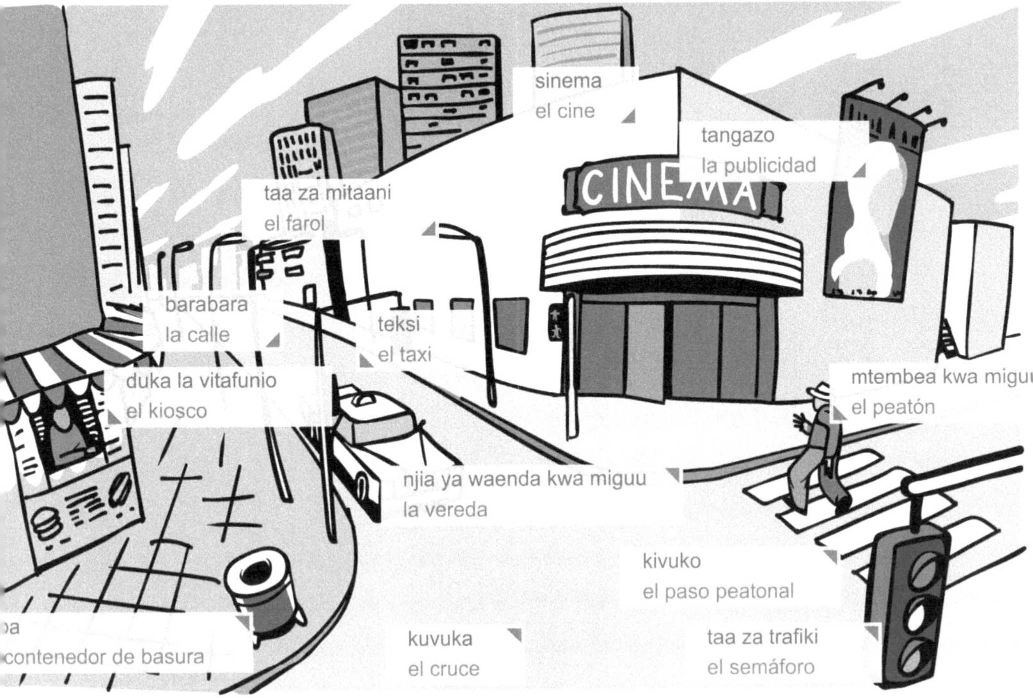

sinema
el cine

tangazo
la publicidad

taa za mitaani
el farol

CINEMA

barabara
la calle

teksi
el taxi

duka la vitafunio
el kiosco

mtembea kwa miguu
el peatón

njia ya waenda kwa miguu
la vereda

kivuko
el paso peatonal

...a
contenedor de basura

kuvuka
el cruce

taa za trafiki
el semáforo

kibanda

la cabaña

gorofa

el departamento

kituo cha treni

la estación de tren

ukumbi wa mji

la municipalidad

Makavazi

el museo

shule

el colegio

jiji - la ciudad
11

chuo kikuu

la universidad

benki

el banco

hospitali

el hospital

hoteli

el hotel

duka la dawa

la farmacia

ofisi

la oficina

duka la kitabu

la librería

duka

el negocio

duka la maua

la florería

dukakuu

el supermercado

soko

el mercado

idara ya kuhifadhi

las grandes tiendas

mwuza samaki

la pescadería

kituo cha ununuzi

el centro comercial

bandari

el puerto

Hifadhi

el parque

benki

el banco

daraja

el puente

vidato

las escaleras

chini ya ardhi

el subte

handaki

el túnel

kituo cha mabasi

la parada del colectivo

bar

el bar

mgahawa

el restaurante

sanduku la posta

el buzón

ishara ya barabara

el letrero

mita ya maegesho

el parquimetro

bustani ya wanyama

el zoológico

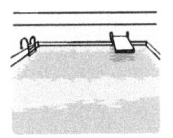

kidimbwi cha kuogelea

la pileta

msikiti

la mezquita

shamba

la granja

uchafuzi

la contaminación

makaburini

el cementerio

kanisa

la iglesia

uwanja wa michezo

los juegos infantiles

hekalu

el templo

mazingira
el paisaje

jani
la hoja

ishara ya mwelekeo
el poste indicador

njia
el camino

malisho
la pradera

jiwe
la piedra

mtembeaji wa masafa
el excursionista

mti
el árbol

mto
el río

nyasi
la hierba

ua
la flor

bonde

el valle

kilima

la montaña

ziwa

el lago

msitu

el bosque

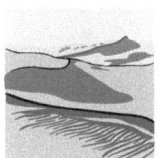

jangwa

el desierto

volkano

el volcán

ngome

el castillo

upinde wa mvua

el arco iris

uyoga

el champiñón

mtende

la palmera

mbu

el mosquito

kuruka

la mosca

chungu

la hormiga

nyuki

la abeja

buibui

la araña

mende

el escarabajo

chura

la rana

kuchakuro

la ardilla

nungunungu

el erizo

sungura

la liebre

bundi

la lechuza

ndege

el pájaro

swan

el cisne

nguruwe mwitu

el jabalí

kulungu

el ciervo

aina ya kongoni

el alce

bwawa

la presa

tabo ya upepo

el aerogenerador

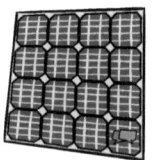

nishaji ya jua

el panel solar

hali ya hewa

el clima

mgahawa
el restaurante

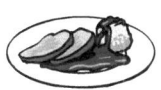

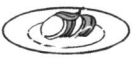

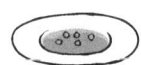

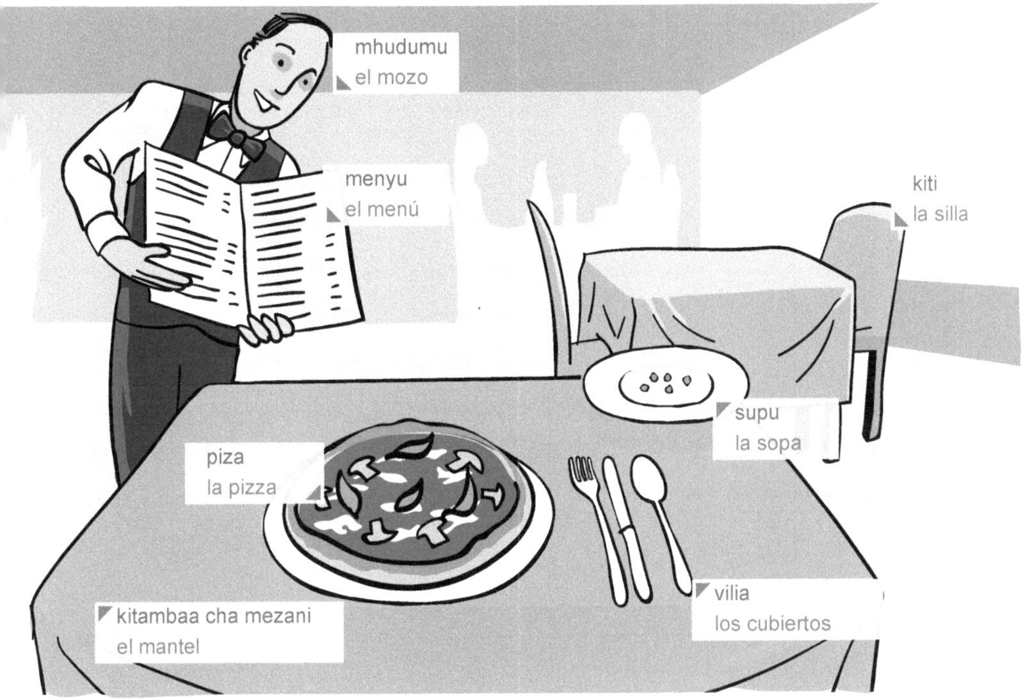
mhudumu
el mozo
menyu
el menú
kiti
la silla
supu
la sopa
piza
la pizza
vilia
los cubiertos
kitambaa cha mezani
el mantel

kiamsha hamu
la entrada

kozi kuu
el plato principal

kitindamlo
el postre

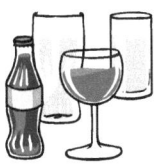

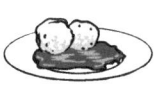

vinywaji
las bebidas

chakula
la comida

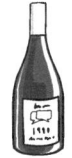

chupa
la botella

chakula cha haraka

la comida rápida

Streetfood

la comida callejera

buli

la tetera

kisanduku cha sukari

la azucarera

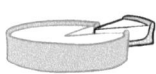

sehemu

la porción

mashine ya espresso

la cafetera expreso

kiti kirefu

la sillita alta

muswada

la cuenta

trei

la bandeja

kisu

el cuchillo

uma

el tenedor

kijiko

la cuchara

kijiko cha chai

la cucharita

nepi

la servilleta

glasi

el vaso

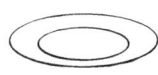

sahani

el plato

sahani ya supu

el plato hondo

sufuria

el plato

mchuzi

la salsa

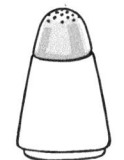

kichanyaji chumvi

el salero

kinu cha pilipili

el molinillo de pimienta

siki

el vinagre

mafuta

el aceite

viungo

las especias

kechapu

el kétchup

haradali

la mostaza

kachumbari nzito

la mayonesa

dukakuu

el supermercado

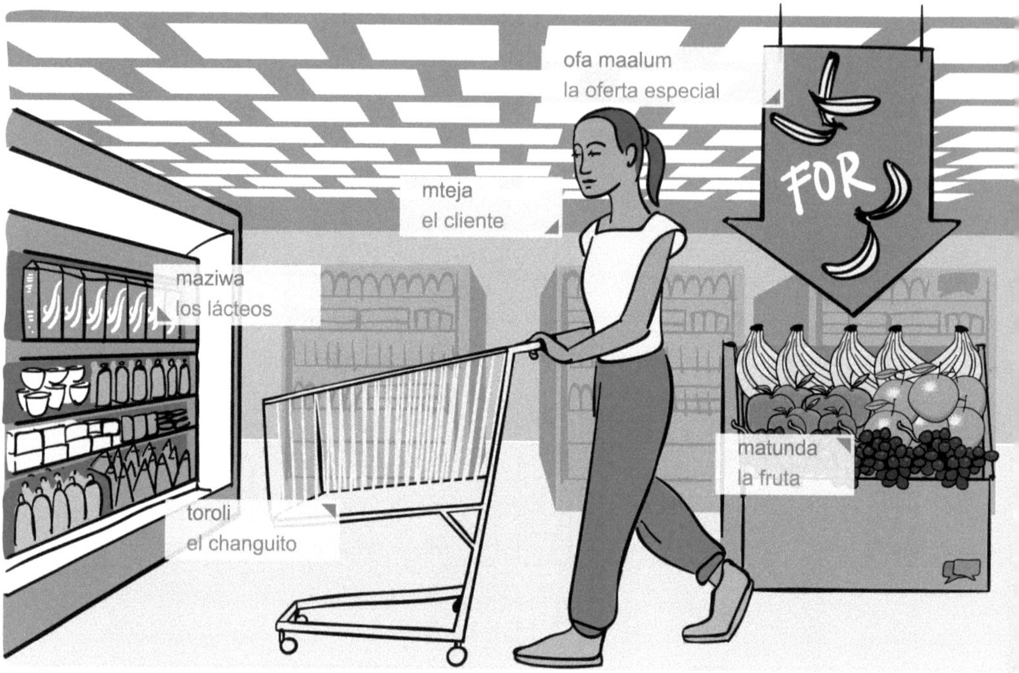

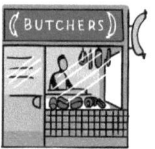

ofa maalum
la oferta especial
mteja
el cliente
maziwa
los lácteos
matunda
la fruta
toroli
el changuito
FOR

BUTCHERS

mchinjaji

la carnicería

BAKERY

mwokaji

la panadería

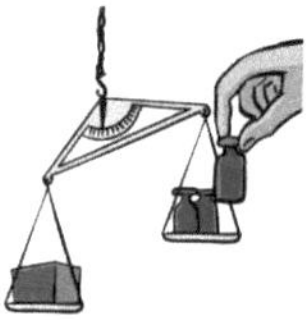

uzito

pesar

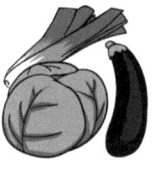

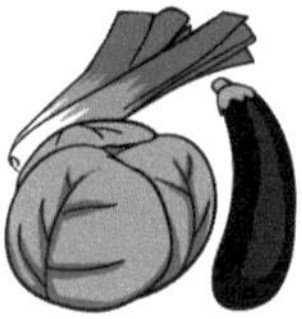

mboga

las verduras

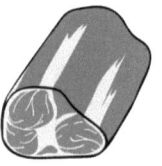

nyama

la carne

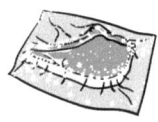

chakula waliohifadhiwa

los alimentos congelados

vipande vya nyama baridi

los fiambres

chakula cha kopo

los alimentos enlatados

sabuni ya unga

el detergente en polvo

pipi

las golosinas

bidhaa za kaya

los electrodomésticos

bidhaa za kusafisha

los productos de limpieza

mtu mauzo

la vendedora

mpaka

la caja

keshia

el cajero

orodha ya manunuzi

la lista de compras

masaa ya ufunguzi

el horario de atención

mkoba

la billetera

kadi

la tarjeta de crédito

mfuko

la cartera

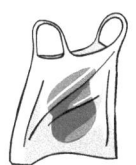

mfuko wa plastiki

la bolsa de plástico

las bebidas

maji

el agua

sharubati

el jugo

maziwa

la leche

coke

la bebida cola

mvinyo

el vino

bia

la cerveza

pombe

el alcohol

kakao

el cacao

chai

el té

kahawa

el café

spreso

el café expreso

kapuchino

el cappuccino

ndizi

la banana

tufaha

la manzana

machungwa

la naranja

tikiti

el melón

lemon

el limón

karoti

la zanahoria

kitunguu saumu

el ajo

mianzi

el bambú

kitunguu

la cebolla

uyoga

el champiñón

karanga

las nueces

nudo

los fideos

spageti

los tallarines

mpunga

el arroz

saladi

la ensalada

vibanzi

las papas fritas

viazi vya kukaanga

las papas fritas

piza

la pizza

hambaga

la hamburguesa

sandwichi

el sándwich

kipande

el churrasco

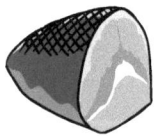

paja la mnyama

el jamón

salami

el salame

soseji

la salchicha

kuku

el pollo

choma

el asado

samaki

el pescado

oats ya uji

los copos de avena

muesli

el muesli

cornflakes

los copos de maiz

unga

la harina

kroisanti

la medialuna

andazi

el pancito

mkate

el pan

mkate wa kubanika

la tostada

biskuti

las galletitas

siagi

la manteca

maziwa mgando

la cuajada

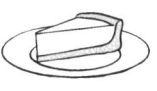

keki

la torta

yai

el huevo

yai kukaanga

el huevo frito

jibini

el queso

aiskrimu

el helado

sukari

el azúcar

asali

la miel

jemu

la mermelada

kuenea kwa chokoleti

la pasta de chocolate

mchuzi wa viungo

el curry

shamba
la granja

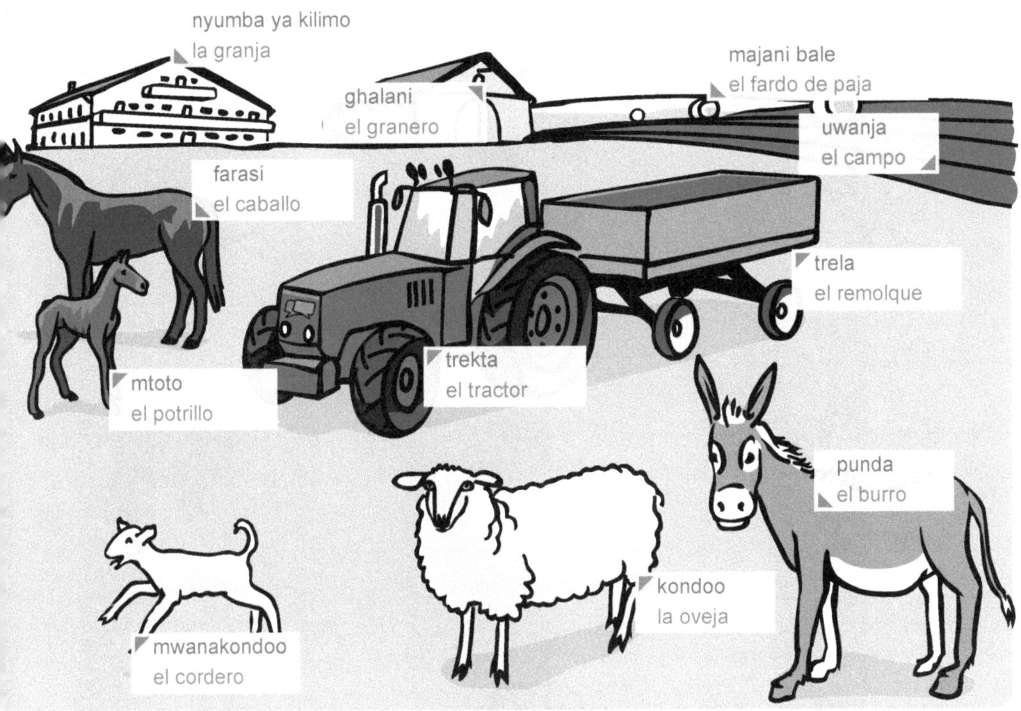
nyumba ya kilimo
la granja
ghalani
el granero
majani bale
el fardo de paja
uwanja
el campo
farasi
el caballo
trela
el remolque
trekta
el tractor
mtoto
el potrillo
punda
el burro
kondoo
la oveja
mwanakondoo
el cordero

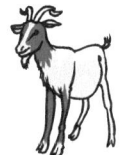

mbuzi

la cabra

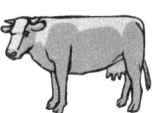

ng'ombe

la vaca

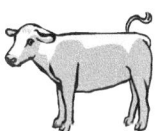

ndama

el ternero

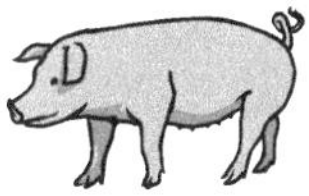

nguruwe

el cerdo

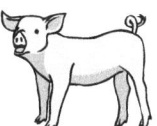

mwananguruwe

el lechón

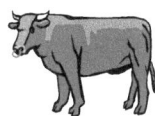

fahali

el toro

batabukini

el ganso

bata

el pato

kifaranga

el pollo

kuku

la gallina

jogoo

el gallo

panya

la rata

paka

el gato

panya

el ratón

ng'ombe

el buey

mbwa

el perro

nyumba ya mbwa

la cucha

bomba la bustani

la manguera

debe la kumwagilia maji

la regadera

fyekeo

la guadaña

kulima

el arado

mundu

la hoz

jembe

la azada

uma wa nyasi

la horquilla

shoka

el hacha

toroli

la carretilla

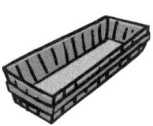

kupitia nyimbo

el abrevadero

chombo cha maziwa

la lechera

gunia

la bolsa

ua

la reja

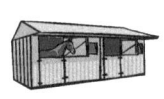

imara

el establo

chafu

el invernadero

udongo

el suelo

mbegu

la semilla

mbolea

el fertilizador

kivunaji

la cosechadora

mavuno

cosechar

mavuno

la cosecha

viazi vikuu

las batatas

ngano

el trigo

soya

la soja

viazi

la papa

mahindi

el maíz

rapa

la semilla de colza

mti wa matunda

el árbol frutal

muhogo

la mandioca

nafaka

los cereales

nyumba
la casa

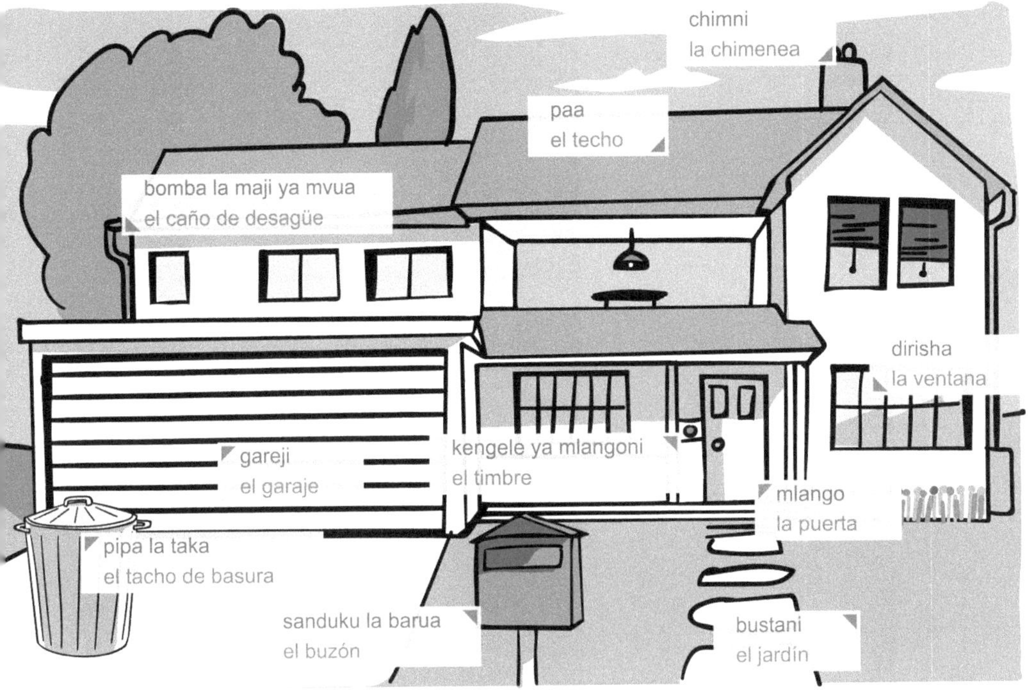
chimni
la chimenea
paa
el techo
bomba la maji ya mvua
el caño de desagüe
dirisha
la ventana
gareji
el garaje
kengele ya mlangoni
el timbre
mlango
la puerta
pipa la taka
el tacho de basura
sanduku la barua
el buzón
bustani
el jardín

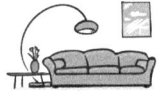

sebuleni

el living

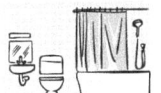

bafu

el baño

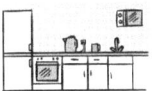

jikoni

la cocina

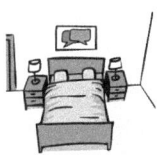

chumba cha kulala

el dormitorio

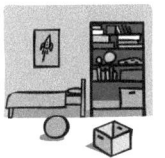

chumba ya mtoto

el cuarto de los chicos

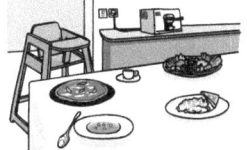

chumba cha kulia

el comedor

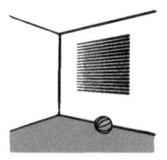

sakafu

el piso

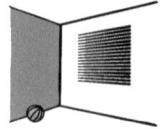

ukuta

la pared

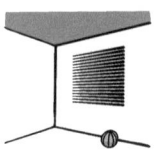

dari

el cielorraso

pishi

el sótano

sauna

el sauna

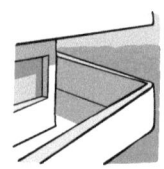

roshani

el balcón

mtaro

la terraza

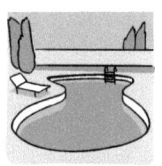

kidimbwi

la pileta

mashine ya kukata nyasi

la cortadora de pasto

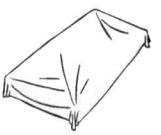

karatasi

la sábana

kitambaa cha kupamba kitanda

el acolchado

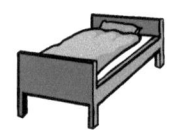

kitanda

la cama

ufagio

la escoba

ndoo

el balde

kubadili

el interruptor

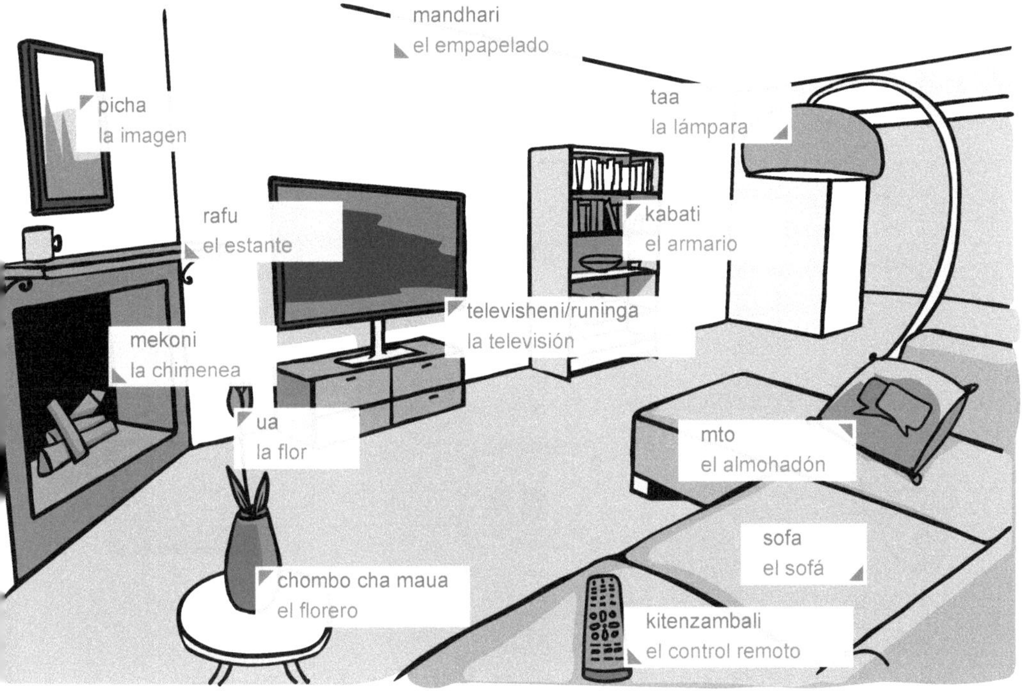

mandhari
el empapelado

picha
la imagen

taa
la lámpara

rafu
el estante

kabati
el armario

mekoni
la chimenea

televisheni/runinga
la televisión

ua
la flor

mto
el almohadón

sofa
el sofá

chombo cha maua
el florero

kitenzambali
el control remoto

zulia
la alfombra

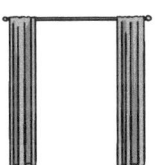

pazia
la cortina

meza
la mesa

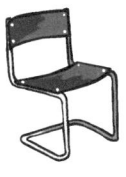

kiti
la silla

kiti cha bembea
la mecedora

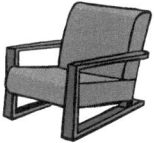

armchair
el sillón

kitabu

el libro

blanketi

la frazada

mapambo

la decoración

kuni

la leña

filamu

la película

kifaa cha hi-fi

el equipo de música

ufunguo

la llave

gazeti

el diario

uchoraji

la pintura

bango

el póster

redio

la radio

daftari

el cuaderno

kifyonza

la aspiradora

dungusi kakati

el cactus

mshumaa

la vela

jikoni
la cocina

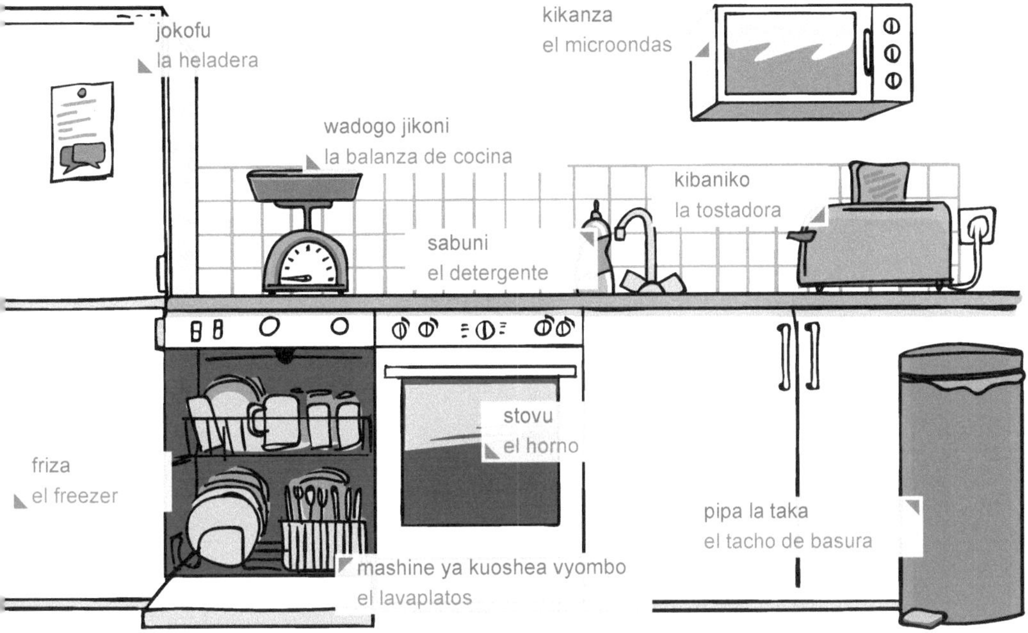

jokofu
la heladera
kikanza
el microondas
wadogo jikoni
la balanza de cocina
kibaniko
la tostadora
sabuni
el detergente
stovu
el horno
friza
el freezer
pipa la taka
el tacho de basura
mashine ya kuoshea vyombo
el lavaplatos

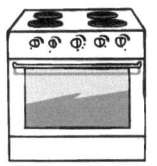

jiko la kupika

la cocina

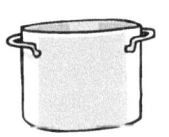

chungu

la olla

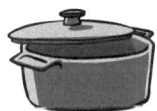

sufuria ya chuma

la olla de hierro fundido

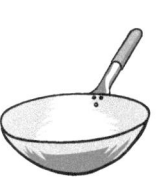

wok / kadai

el wok

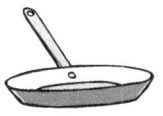

kaango

la sartén

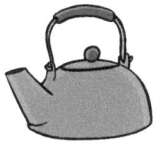

birika

la pava

stima

la vaporera

sinia ya kuoka

la bandeja de horno

vyombo vya udongo

la vajilla

kombe

la taza

bakuli

el bol

vijiti vya kulia

los palitos

ukawa

el cucharón

mwiko mpana

la espátula

burashi

la batidora

kichujio

el colador

chujio

el colador

mbuzi

el rallador

chokaa

el mortero

barbeque

la parrilla

moto wazi

la fogata

ubao wa majaribio

la tabla de picar

kijiti cha kusukuma unga

el palo de amasar

kizibuo

el sacacorchos

kopo

la lata

inaweza kopo

el abrelatas

kishikio cha chungu

la manopla

karo

la pileta

brashi

el cepillo

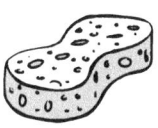

sifongo

la esponja

kisagaji matunda

la batidora

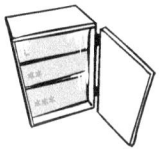

friji ya kina

el congelador

chupa ya mtoto

la mamadera

bomba

la canilla

bafu

el baño

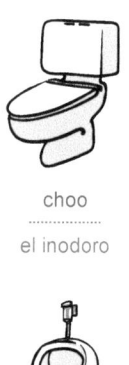

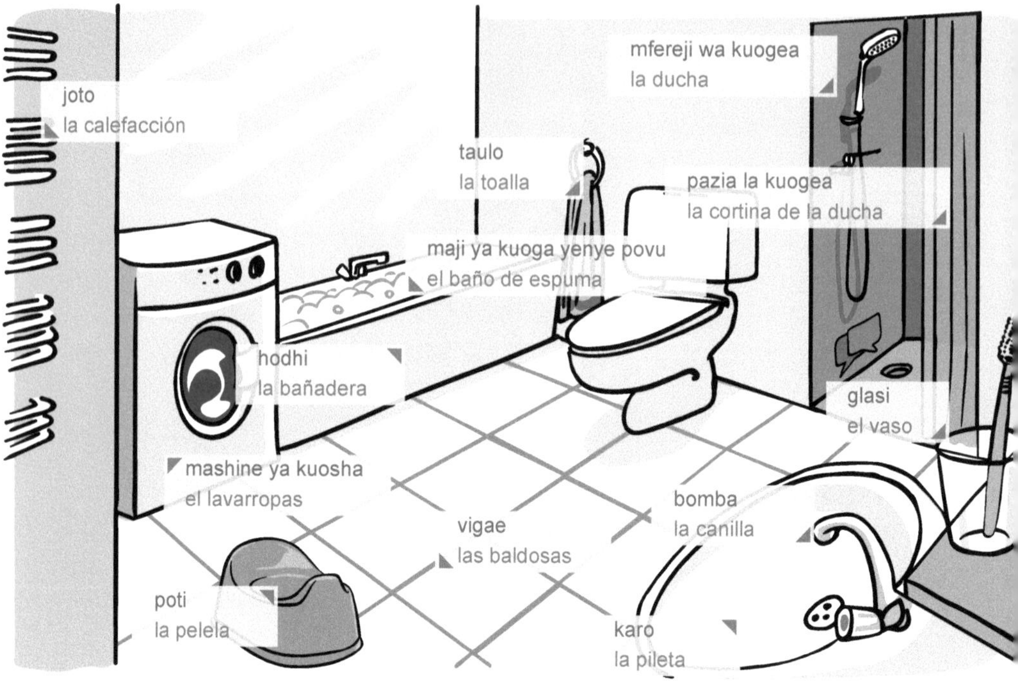

joto
la calefacción
taulo
la toalla
mfereji wa kuogea
la ducha
pazia la kuogea
la cortina de la ducha
maji ya kuoga yenye povu
el baño de espuma
hodhi
la bañadera
glasi
el vaso
mashine ya kuosha
el lavarropas
bomba
la canilla
vigae
las baldosas
poti
la pelela
karo
la pileta

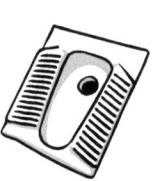

choo

el inodoro

choo cha squat

la letrina

beseni la mviringo

el bidé

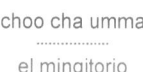

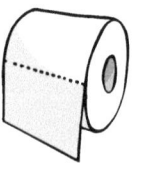

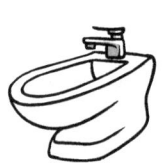

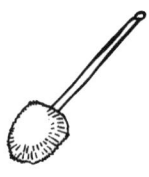

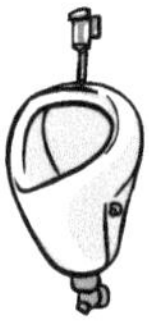

choo cha umma

el mingitorio

shashi

el papel higiénico

brashi ya choo

el cepillo para el inodoro

mswaki

el cepillo de dientes

dawa ya meno

el dentífrico

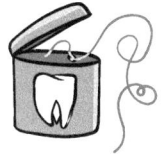

dawa ya meno

el hilo dental

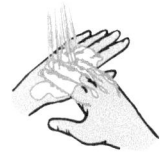

safisha

lavar

kuoga mkono

la ducha de mano

msukumo wa maji

la ducha higiénica

bonde

la palangana

mpako wa pili

el cepillo para la espalda

sabuni

el jabón

jeli ya kuogea

el gel de ducha

shampuu

el shampoo

flana

la toallita

toa maji

el desagüe

krimu

la crema

kiondoa harufu

el desodorante

kioo

el espejo

kioo mkono

el espejito

kinyozi

la maquinita de afeitar

povu la kunyoa

la espuma de afeitar

baada ya kunyoa

el aftershave

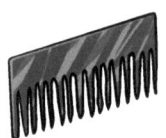

kichana

el peine

brashi

el cepillo

kikausha nywele

el secador de pelo

marashi ya nyewele

el spray

vipodozi

el maquillaje

kidomwa

el lápiz de labios

varnish ya msumari

el esmalte para uñas

pamba

el algodón

mkasi wa kucha

la tijera para uñas

manukato

el perfume

mkoba wa kuosha

el portacosméticos

kinyesi

la banqueta

mizani

la balanza

nguo ya kuoga

la bata

glavu za mpira

los guantes de goma

kisodo

el tampón

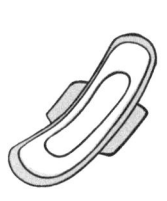

sodo

la toallita femenina

kemikali choo

el baño químico

chumba ya mtoto
el cuarto de los chicos

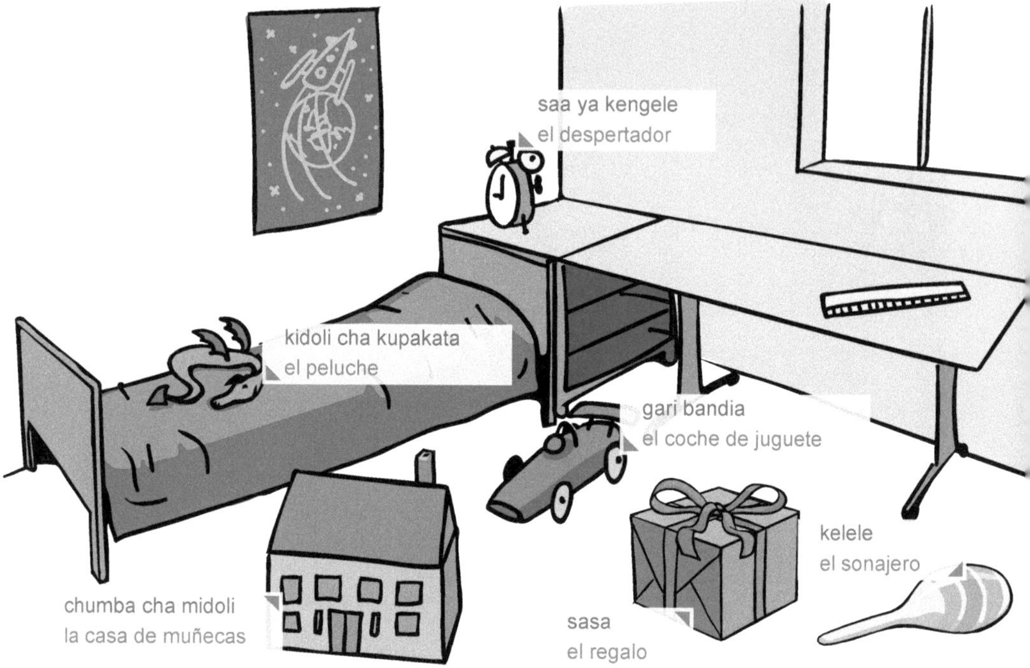

saa ya kengele
el despertador

kidoli cha kupakata
el peluche

gari bandia
el coche de juguete

chumba cha midoli
la casa de muñecas

sasa
el regalo

kelele
el sonajero

baluni
el globo

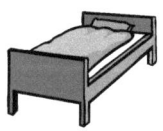

kitanda
la cama

mashua
el cochecito

staha ya kadi
las cartas

mchezo-fumb
el rompecabezas

vichekesho
la historieta

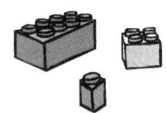

matofali lego

las piezas de lego

vitalu mwigo

los ladrillos de juguete

hatua takwimu

la figura de acción

suti ya kulalia

el enterito (de bebé)

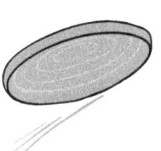

kisahani

el frisbee

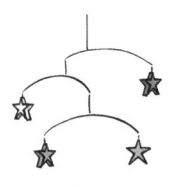

simu

el móvil para bebés

ubao wa michezo

el juego de mesa

kete

los dados

garimoshi mwigo

el tren eléctrico

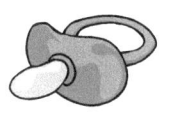

dummy

el chupete

chama

la fiesta

picha kitabu

el libro de cuentos ilustrado

mpira

la pelota

kikaragosi

la muñeca

kucheza

jugar

shimo la mchanga

el arenero

bembea

la hamaca

vitu bandia

los juguetes

kiweko cha video ya mchezo

la consola de videojuegos

baiskeli ya magurudumu

el triciclo

matatu

mwanasesere

el osito de peluche

kabati

el armario

nguo

la ropa

soksi

las medias

stokingi

las medias panty

kibano

las calzas

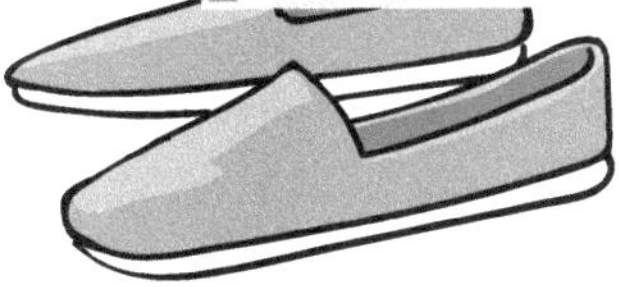

skafu
la bufanda

mwavuli
el paraguas

ukanda
el cinturón

fulana
la remera

viatu
las botas

wakufunzi
las zapatillas

ndara
las pantuflas

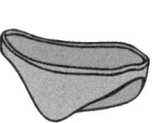

malapa
las sandalias

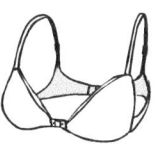

viatu
los zapatos

mabuti ya mpira
las botas de goma

suruali ya ndani
la ropa interior

sidiria
el corpiño

fulana
el chaleco

mwili

el body

suruali

los pantalones

dangirizi

los jeans

sketi

la pollera

blauzi

la blusa

shati

la camisa

vuta

el pulóver

sweta

el buzo

bleza

el blazer

jaketi

la campera

koti

el tapado

koti la mvua

el piloto

maleba

el traje

gauni

el vestido

mavazi ya harusi

el vestido de novia

suti

el traje

vazi la usiku

el camisón

pajama

el pijama

sari

el sari

skafu

el pañuelo para la cabeza

kilemba

el turbante

burka

la burka

kaftan

el caftán

abaya

la abaya

vazi la kuogelea

el traje de baño

vazi la kiume la kuogelea

el short de baño

kaptura

los shorts

teitei

el jogging

aproni

el delantal

glavu

los guantes

kifungo

el botón

glasi

los anteojos

bangili

la pulsera

mkufu

el collar

pete

el anillo

herini

el aro

kofia

la gorra

kiango cha koti

la percha

kofia

el sombrero

tai

la corbata

zipu

el cierre

kofia

el casco

kanda za suruali

los tiradores

sare za shule

el uniforme escolar

sare

el uniforme

bibu

el babero

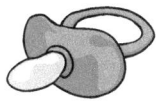

dummy

el chupete

nepi

el pañal

ofisi

la oficina

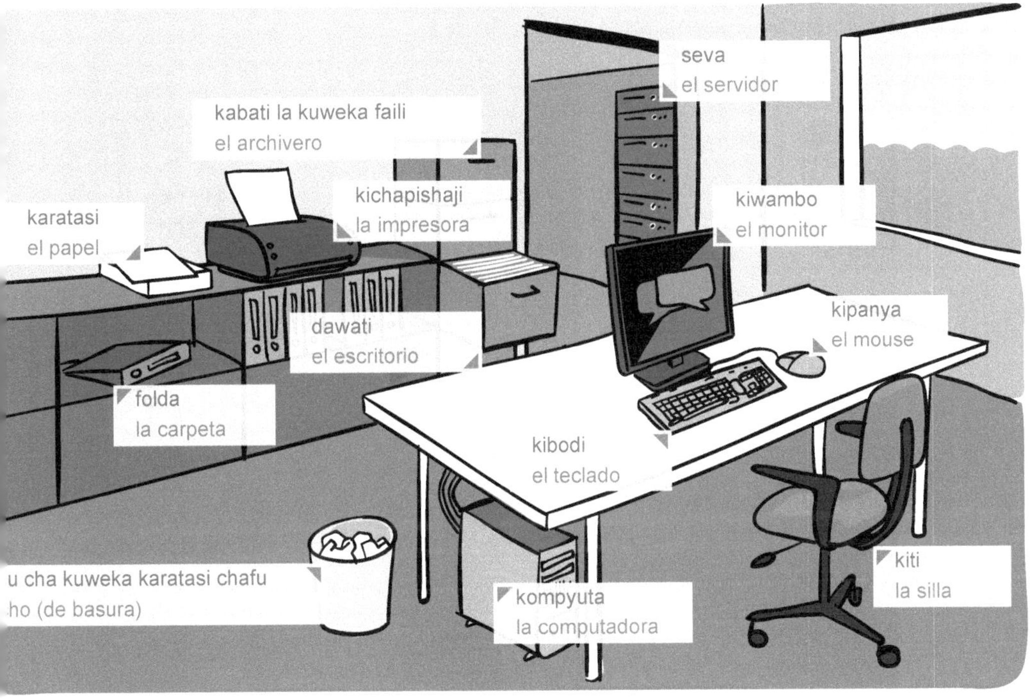

seva
el servidor

kabati la kuweka faili
el archivero

kichapishaji
la impresora

kiwambo
el monitor

karatasi
el papel

dawati
el escritorio

kipanya
el mouse

folda
la carpeta

kibodi
el teclado

u cha kuweka karatasi chafu
ho (de basura)

kompyuta
la computadora

kiti
la silla

kmobe la kahawa

la taza de café

kikokotoo

la calculadora

biashara

el internet

ofisi - la oficina

49

mbali

la laptop

barua

la carta

ujumbe

el mensaje

rununu

el celular

intaneti

la red

fotokopia

la fotocopiadora

programu

el software

simu

el teléfono

soketi

el tomacorriente

kipepesi

el fax

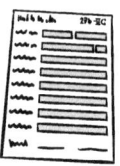

fomu

el formulario

hati

el documento

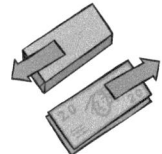

kununua

comprar

kulipa

pagar

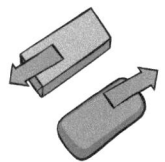

biashara

hacer negocios

fedha

el dinero

dola

el dólar

yuro

el euro

yeni

el yen

rouble

el rublo

faranga ya Uswisi

el franco suizo

renminbi yuan

el yuan

rupia

la rupia

eneo la kulipia

el cajero automático

ofisi ya ubadilishanaji

la casa de cambio

dhahabu

el oro

fedha

la plata

mafuta

el petróleo

nishati

la energía

bei

el precio

mkataba

el contrato

kodi

el impuesto

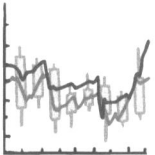

bidhaa

la acción

kazi

trabajar

mfanyakazi

el empleado

mwajiri

el empleador

kiwanda

la fábrica

duka

el negocio

52   uchumi - la economía

kazi
las ocupaciones

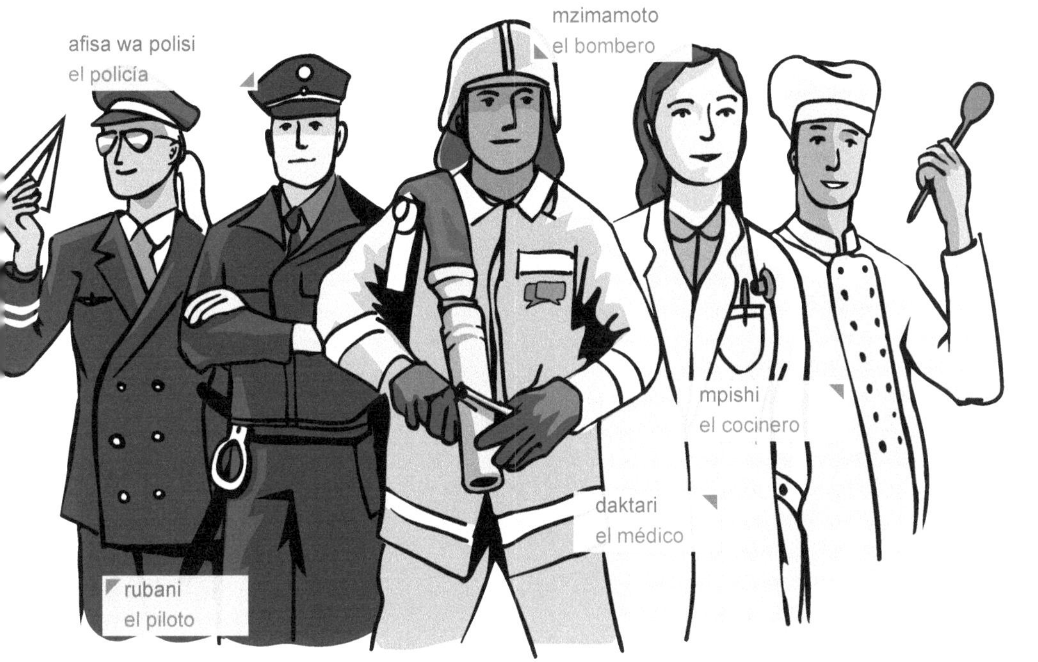
mzimamoto
el bombero
afisa wa polisi
el policía
mpishi
el cocinero
daktari
el médico
rubani
el piloto

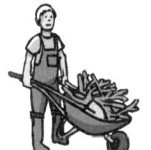

mtunza bustani

el jardinero

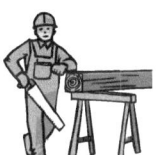

seremala

el carpintero

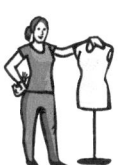

mshonaji

la modista

hakimu

el juez

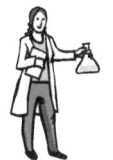

mwanakemia

el farmacéutico

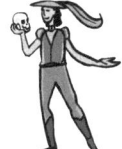

muigizaji

el actor

dereva wa basi

el colectivero

dereva wa teksi

el taxista

mvuvi

el pescador

mwanamke wa kusafisha

la mucama

mwezekaji

el techista

mhudumu

el mozo

mwindaji

el cazador

mchoraji

el pintor

mwokaji

el panadero

umeme

el electricista

mjenzi

el albañil

mhandisi

el ingeniero

mchinjaji

el carnicero

fundi bomba

el plomero

mwanaposta

el cartero

mwanajeshi

el soldado

msanifu majengo

el arquitecto

keshia

el cajero

muuza maua

el florista

msusi

el peluquero

kondakta

el cobrador

mekanika

el mecánico

nahodha

el capitán

daktari wa meno

el dentista

mwanasayansi

el científico

rabbi

el rabino

imamu

el imán

mtawa

el monje

kasisi

el sacerdote

zana
las herramientas

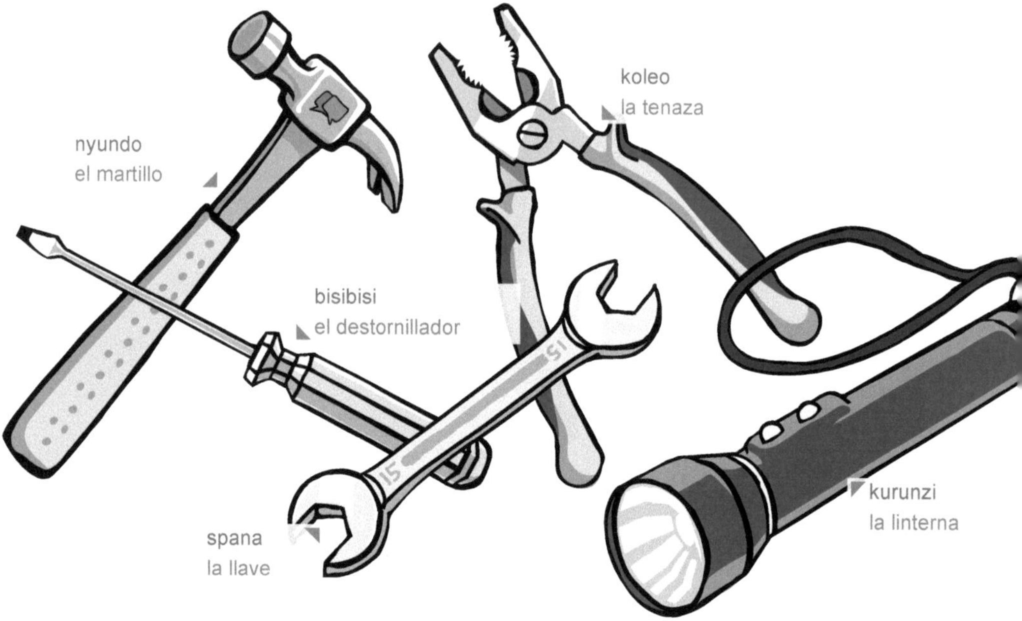
koleo
la tenaza
nyundo
el martillo
bisibisi
el destornillador
kurunzi
la linterna
spana
la llave

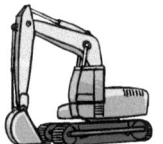

mchimbaji

la excavadora

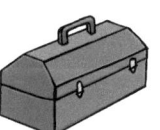

sanduku la vifaa

la caja de herramientas

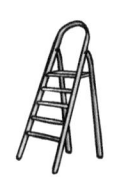

ngazi

la escalera portátil

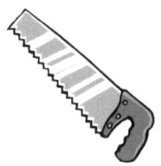

msumeno

la sierra

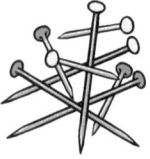

misumari

los clavos

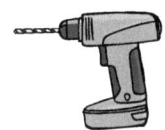

kuchimba visima

el taladro

kukarabati

arreglar

sepetu

la pala de jardín

Lo!

¡Qué bronca!

kishikio cha uchafu

la pala de plástico

chungu cha rangi

el tacho de pintura

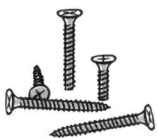

skurubu

los tornillos

ala za muziki

los instrumentos musicales

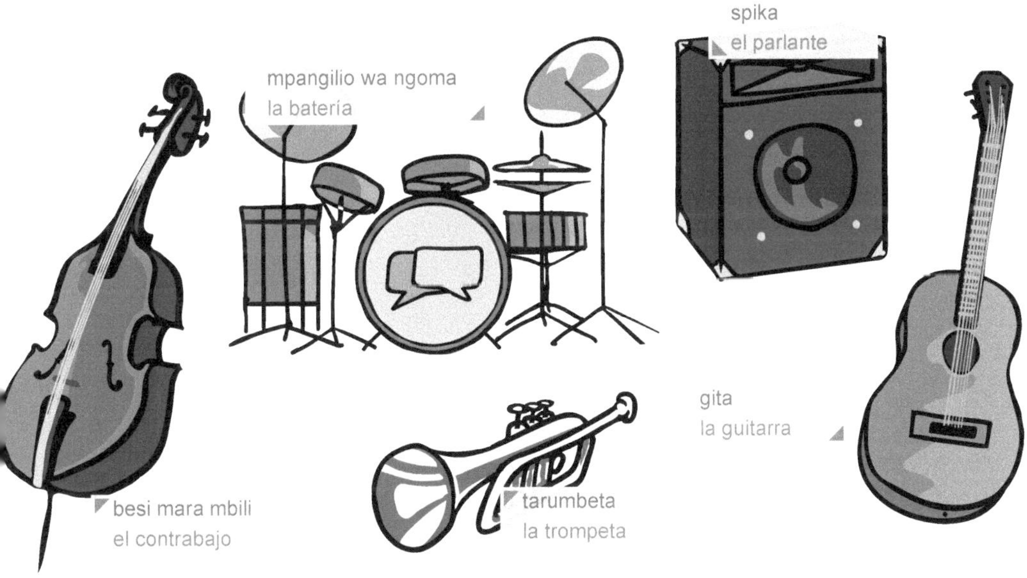

mpangilio wa ngoma
la batería

spika
el parlante

besi mara mbili
el contrabajo

tarumbeta
la trompeta

gita
la guitarra

piano

el piano

fidla

el violín

ubeji

el bajo

timpani

los timbales

ngoma

el tambor

kibodi

el teclado

saksafoni

el saxofón

filimbi

la flauta

maikrofoni

el micrófono

bustani ya wanyama
el zoológico

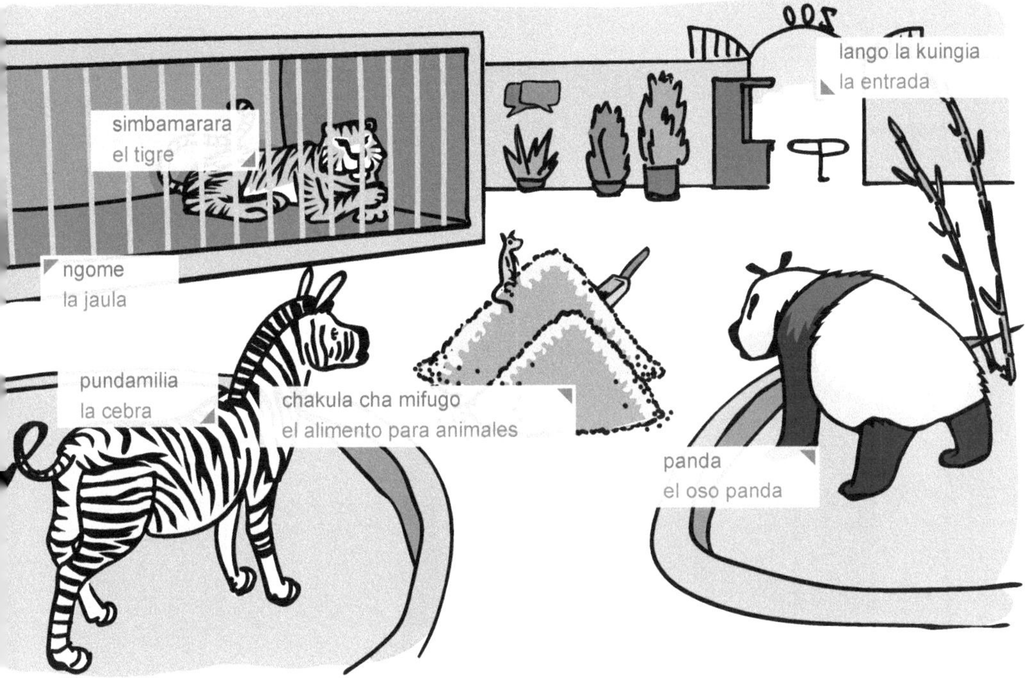

simbamarara
el tigre
lango la kuingia
la entrada
ngome
la jaula
pundamilia
la cebra
chakula cha mifugo
el alimento para animales
panda
el oso panda

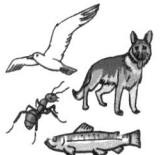

wanyama

los animales

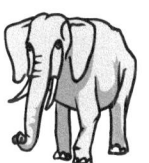

tembo

el elefante

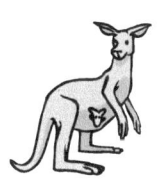

kangaruu

el canguro

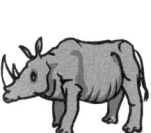

kifaru

el rinoceronte

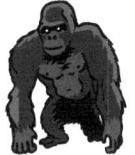

sokwe

el gorila

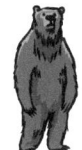

dubu

el oso

ngamia

el camello

mbuni

el avestruz

simba

el león

tumbili

el mono

heroe

el flamenco

kasuku

el loro

dubu

el oso polar

penguini

el pingüino

papa

el tiburón

tausi

el pavo real

nyoka

la serpiente

mamba

el cocodrilo

mtunza wanyama

el cuidador del zoológico

muhuri

la foca

jaguar

el jaguar

mwanafarasi

el poni

chui

el leopardo

kiboko

el hipopótamo

twiga

la jirafa

tai

el águila

nguruwe mwitu

el jabalí

samaki

el pescado

kobe

la tortuga

sili

la morsa

mbweha

el zorro

paa

la gacela

michezo

los deportes

soka ya marekani
el fútbol americano

uendeshaji baiskeli
el ciclismo

tenisi
el tenis

mpira wa kikapu
el básquet

kuogelea
la natación

ndondi
el boxeo

magongo ya barafuni
el hockey sobre hielo

soka
el fútbol

vinyoya
el bádminton

riadha
el atletismo

mpira wa mikono
el handball

skii
el esquí

polo
el polo

shughuli
las actividades

kuruka
saltar
kumbatia
abrazar
cheka
reír
kutembea
caminar
kuimba
cantar
ota ndoto
soñar
kuomba
rezar
busu
besar

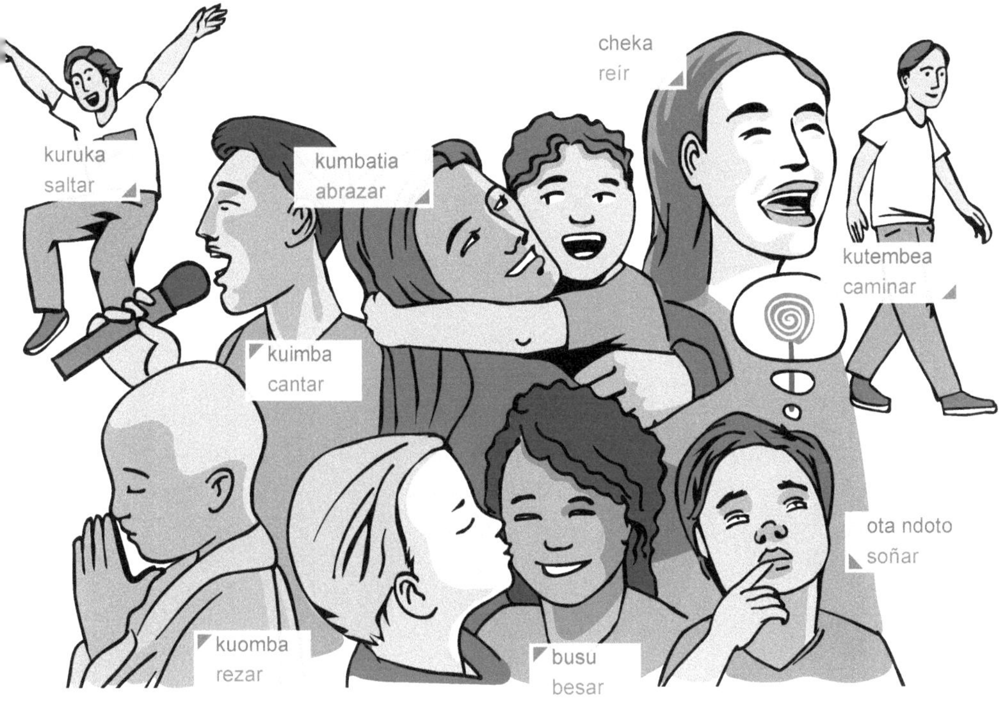

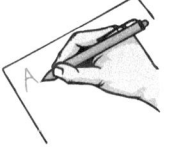

kuandika

escribir

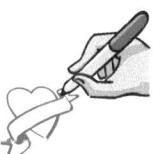

kuteka

dibujar

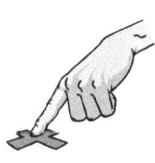

angalia

mostrar

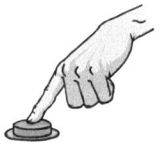

sukuma

presionar

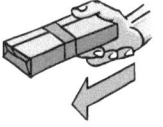

kutoa

dar

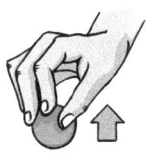

kuchukua

tomar

kuwa

tener

fanya

hacer

kuwa

ser

kusimama

estar parado

kukimbia

correr

vuta

tirar

kutupa

tirar

kuanguka

caer

hadaa

estar acostado

kusubiri

esperar

kubeba

llevar

kukaa

estar sentado

vaa nguo

vestirse

usingizi

dormir

kuamka

despertar

kuangalia

mirar

lia

llorar

kiharusi

acariciar

chana nywele

peinar

ongea

hablar

kuelewa

entender

kuuliza

preguntar

kusikiliza

escuchar

kunywa

beber

kula

comer

nadhifisha

ordenar

upendo

amar

mpishi

cocinar

gari

manejar

kuruka

volar

meli

navegar

kokotoa

calcular

kusoma

leer

kujifunza

aprender

kazi

trabajar

kuoa

casarse

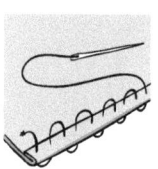

kushona

coser

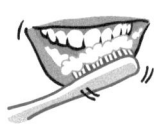

piga mswaki

cepillarse los dientes

kuua

matar

moshi

fumar

kutuma

enviar

familia
la familia

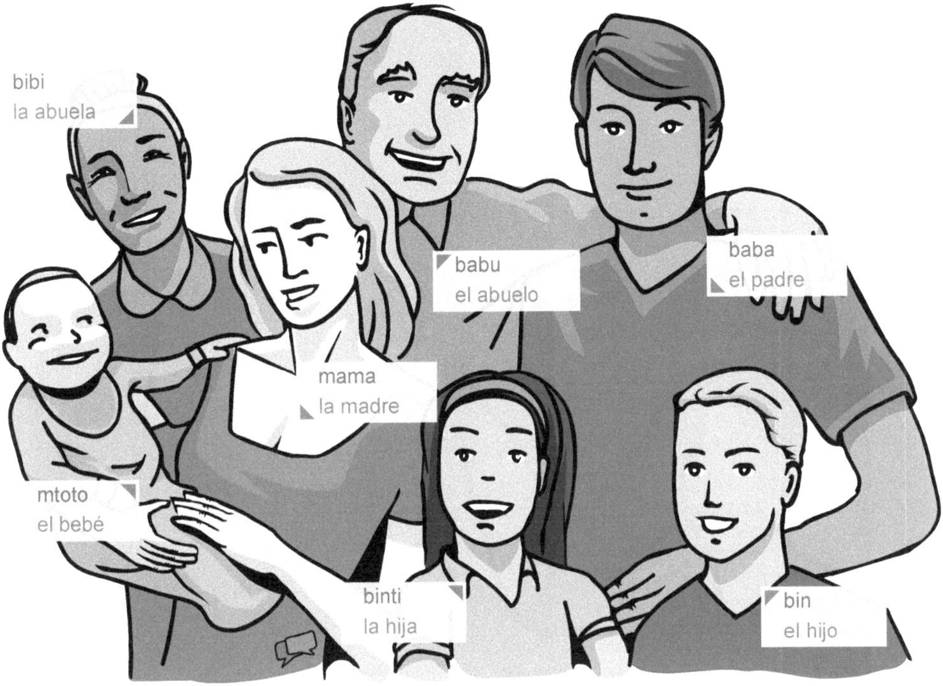
bibi
la abuela
babu
el abuelo
baba
el padre
mama
la madre
mtoto
el bebé
binti
la hija
bin
el hijo

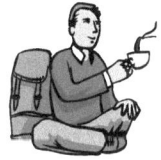

mgeni

el invitado

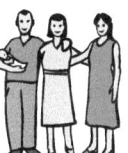

shangazi

la tía

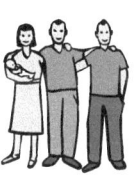

mjomba

el tío

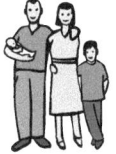

kaka

el hermano

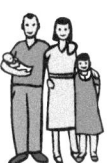

dada

la hermana

mwili
el cuerpo

paji la uso
la frente
jicho
el ojo
uso
la cara
kidevu
la pera
matiti
el pecho
kidole
el dedo
mkono
la mano
mkono
el brazo
bega
el hombro
mguu
la pierna

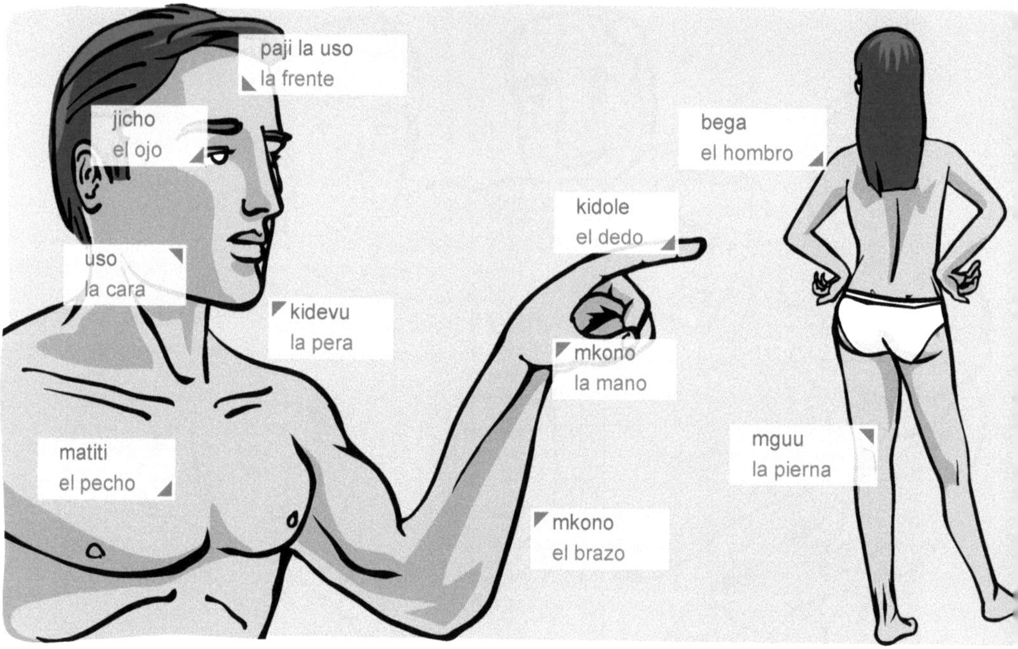

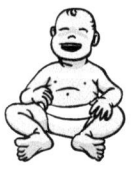

mtoto
el bebé

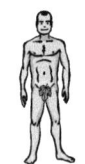

mwanamume
el hombre

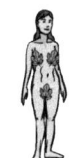

mwanamke
la mujer

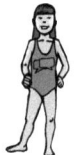

msichana
la nena

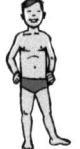

mvulana
el nene

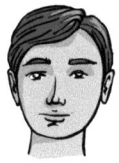

kichwa
la cabeza

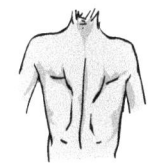

nyuma

la espalda

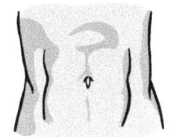

tumbo

la panza

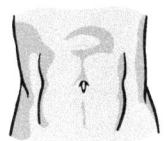

kitovu

el ombligo

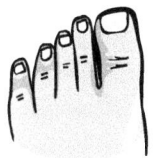

chano

el dedo del pie

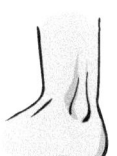

kisigino

el talón

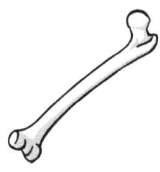

mfupa

el hueso

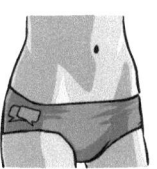

nyonga

la cadera

goti

la rodilla

kiwiko

el codo

pua

la nariz

chini

la cola

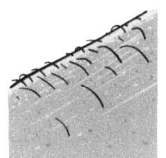

ngozi

la piel

shavu

el cachete

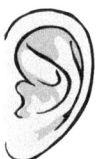

sikio

la oreja

mdomo

el labio

kinywa

la boca

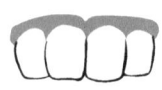

jino

el diente

ulimi

la lengua

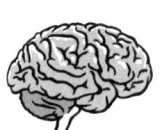

ubongo

el cerebro

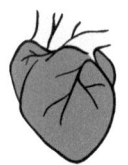

moyo

el corazón

misuli

el músculo

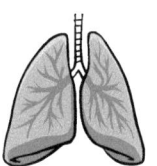

pafu

el pulmón

ini

el hígado

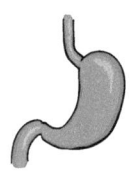

tumbo

el estómago

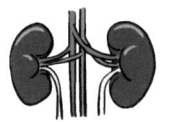

figo

los riñones

jinsia

el sexo

kondomu

el preservativo

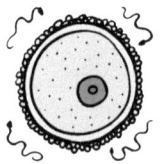

ovari

el óvulo

shahawa

el semen

mimba

el embarazo

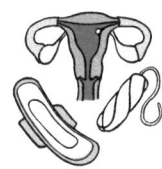

hedhi

la menstruación

uke

la vagina

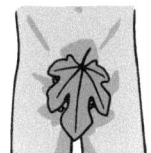

uume

el pene

unyusi

la ceja

nywele

el pelo

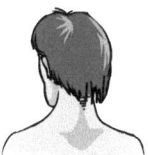

shingo

el cuello

hospitali
el hospital

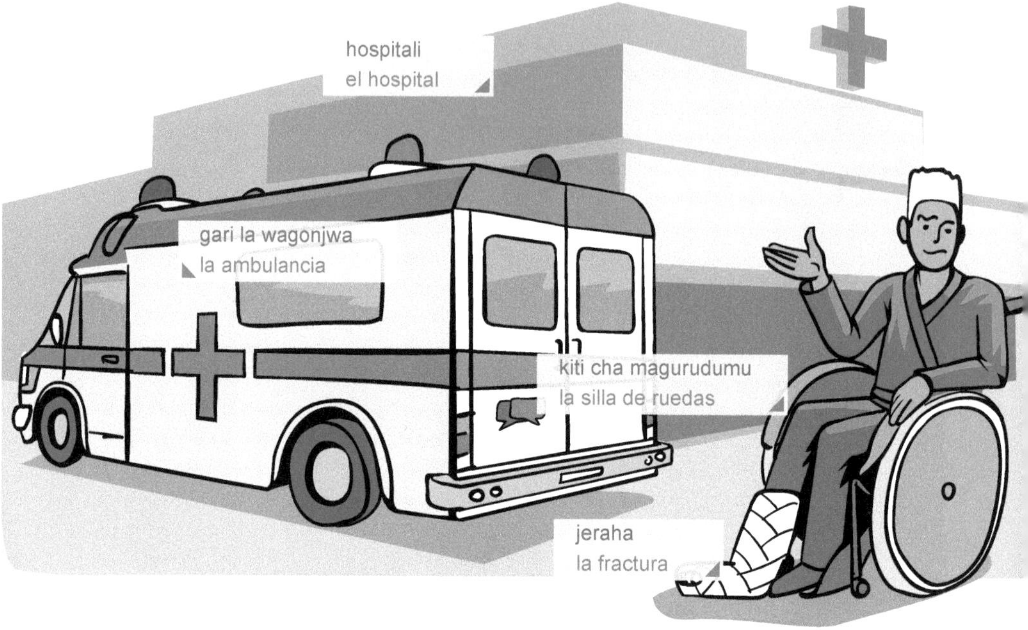

hospitali
el hospital
gari la wagonjwa
la ambulancia
kiti cha magurudumu
la silla de ruedas
jeraha
la fractura

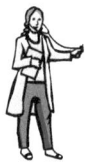

daktari

el médico

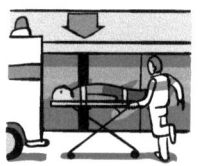

chumba cha dharura

la sala de guardia

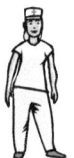

muuguzi

la enfermera

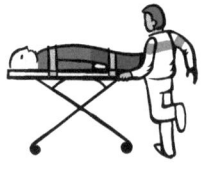

dharura

la emergencia

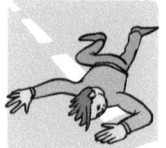

kupoteza fahamu

inconsciente

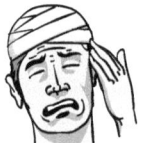

maumivu

el dolor

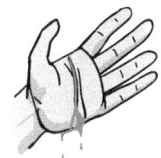

kuumia

la lesión

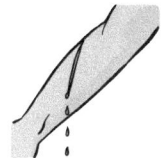

kutokwa na damu

la hemorragia

mshtuko wa moyo

el infarto

kiharusi

el ACV

mzio

la alergia

kikohozi

la tos

homa

la fiebre

mafua

la gripe

kuharisha

la diarrea

maumivu ya kichwa

el dolor de cabeza

kansa

el cáncer

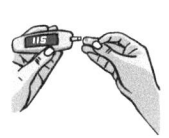

ugonjwa wa kisukari

la diabetes

daktari mpasuaji

el cirujano

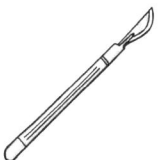

kisu kidogo cha kupasulia

el bisturí

operesheni

la operación

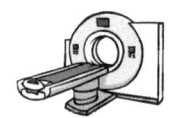

picha changanufu ya mwili

la TC

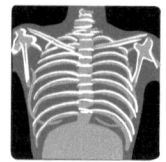

Eksrei

los rayos x

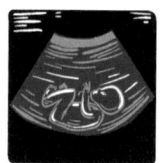

mawimbi sauti

la ecografía

barakoa ya uso

el barbijo

ugonjwa

la enfermedad

chumba cha kusubiri

la sala de espera

mkongojo

la muleta

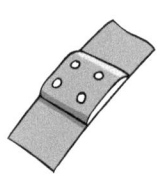

plasta

la curita

bendeji

la venda

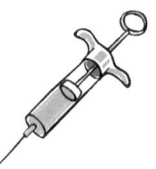

sindano

la inyección

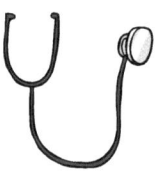

stetoskopu

el estetoscopio

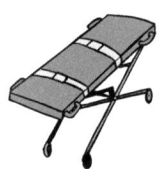

machela

la camilla

kipimajoto cha kliniki

el termómetro

kuzaliwa

el nacimiento

unene kupita kiasi

el sobrepeso

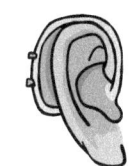

kusikia misaada

el audífono

kipukusi

el desinfectante

maambukizi

la infección

virusi

el virus

VVU / UKIMWI

el VIH / SIDA

dawa

el remedio

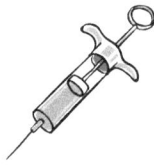

chanjo

la vacunación

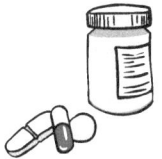

vidonge

los comprimidos

kidonge

la pastilla anticonceptiva

simu ya dharura

la llamada de emergencia

haemodainamometa

el tensiómetro

mgonjwa / mwenye afya

enfermo / sano

Msaada!

¡Ayuda!

kengele

la alarma

pigo

la agresión

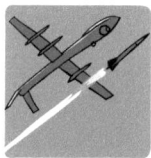

shambulizi

el ataque

hatari

el peligro

lango la dharura

la salida de emergencia

Moto!

¡Fuego!

kizima moto

el matafuego

ajali

el accidente

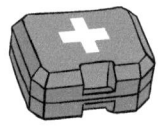

vifaa vya huduma ya kwanza

el botiquín de primeros auxilios

wito wa msaada

el SOS

polisi

la policía

Ulaya

Europa

Amerika ya Kaskazini

América del Norte

Amerika ya Kusini

América del Sur

Afrika

África

Asia

Asia

Australia

Australia

Atlantiki

el Atlántico

Pasifiki

el Pacífico

Bahari ya Hindi

el Océano Índico

Bahari ya Antaktiki

el Océano Antártico

Bahari ya Aktiki

el Océano Ártico

Ncha ya Kaskazini

el polo norte

Ncha ya Kusini

el polo sur

Antaktika

la Antártida

dunia

la Tierra

nchi

la tierra

bahari

el mar

kisiwa

la isla

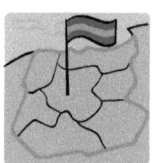

taifa

la nación

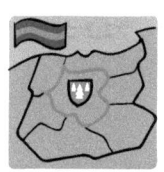

jimbo

el estado

uso wa saa

la esfera

akrabu ya saa

la manecilla de las horas

akrabu ya dakika

el minutero

akrabu ya sekunde

el segundero

Ni saa ngapi?

¿Qué hora es?

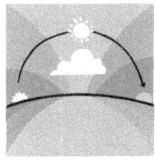

siku

el día

wakati

la hora

sasa

ahora

saa ya dijitali

el reloj digital

dakika

el minuto

saa

la hora

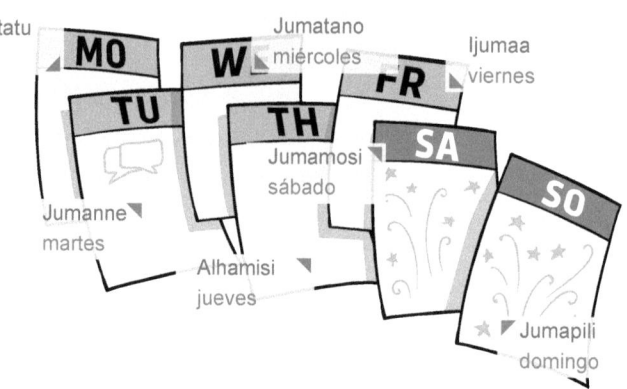

Jumatatu / lunes
Jumatano / miércoles
Ijumaa / viernes
Jumanne / martes
Jumamosi / sábado
Alhamisi / jueves
Jumapili / domingo

jana
ayer

leo
hoy

kesho
mañana

asubuhi
la mañana

saa sita mchana
el mediodía

jioni
la tarde

siku za biashara
los días hábiles

mwishoni mwa wiki
el fin de semana

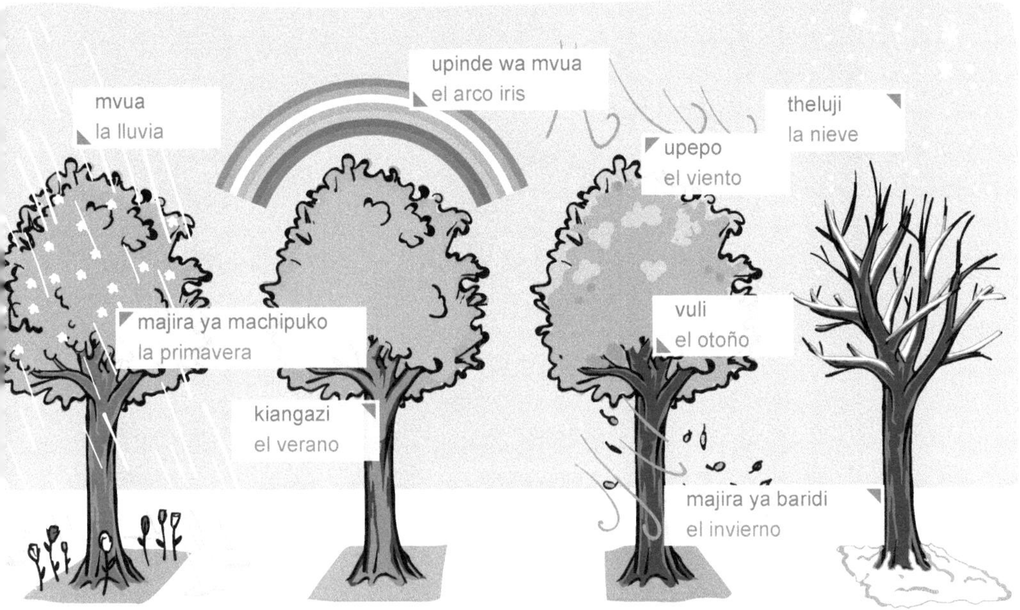

mvua
la lluvia

upinde wa mvua
el arco iris

theluji
la nieve

upepo
el viento

majira ya machipuko
la primavera

vuli
el otoño

kiangazi
el verano

majira ya baridi
el invierno

utabiri wa hali ya hewa

l pronóstico meteorológico

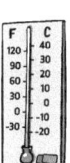

kipimajoto

el termómetro

mwanga wa jua

la luz del sol

wingu

la nube

ukungu

la niebla

unyevu

la humedad

umeme

el rayo

radi

el trueno

dhoruba

la tormenta

mvua ya mawe

el granizo

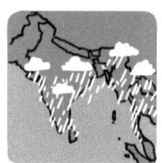

monsuni

el monzón

mafuriko

la inundación

barafu

el hielo

Januari

enero

Februari

febrero

Machi

marzo

Aprili

abril

Mei

mayo

Juni

junio

Julai

julio

Agosti

agosto

Septemba

septiembre

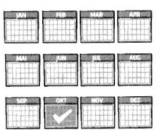

Oktoba

octubre

Novemba

noviembre

Desemba

diciembre

maumbo
las formas

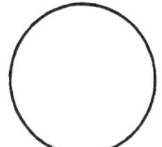

mduara

el círculo

mraba

el cuadrado

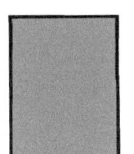

mstatili

el rectángulo

pembetatu

el triángulo

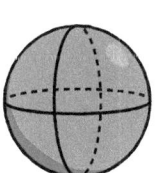

nyanja

la esfera

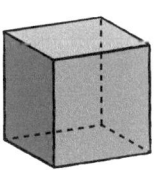

mchemraba

el cubo

nyeupe

blanco

manjano

amarillo

chungwa

naranja

rangi ya waridi

rosa

nyekundu

rojo

hudhurungi

violeta

bluu

azul

kijani

verde

hanja

marrón

jivujivu

gris

nyeusi

negro

mengi / kidogo

mucho / poco

hasira / pole

enojado / tranquilo

nzuri / mbaya

lindo / feo

mwanzo / mwisho

el principio / el fin

kubwa / ndogo

grande / chico

angavu / giza

claro / oscuro

kaka / dada

el hermano / la hermana

safi / chafu

limpio / sucio

kamilika / tokamilika

completo / incompleto

siku / usiku

el día / la noche

wafu / hai

muerto / vivo

pana / nyembamba

ancho / angosto

kulika / kutolika

comestible / no comestible

ovu / ema

malo / amable

sisimkwa / udhika

entusiasmado / aburrido

nene / nyembamba

gordo / flaco

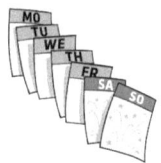

kwanza / mwisho

primero / último

rafiki / adui

el amigo / el enemigo

jaa / tupu

lleno / vacío

ngumu / laini

duro / blando

nzito / nyepesi

pesado / liviano

njaa / kiu

el hambre / la sed

mgonjwa / mwenye afya

enfermo / sano

haramu / kisheria

ilegal / legal

akili / kijinga

inteligente / estúpido

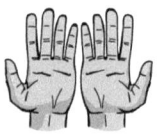

kushoto / kulia

izquierda / derecha

karibu / mbali

cerca / lejos

mpya / kutumika

nuevo / usado

kitu / jambo

nada / algo

zee / changa

viejo / joven

waka / zima

encendido / apagado

wazi / fungwa

abierto / cerrado

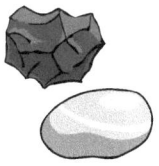

utulivu / kelele

silencioso / ruidoso

tajiri / masikini

rico / pobre

sahihi / kosa

correcto / incorrecto

mbaya / laini

áspero / suave

huzunika / furahia

triste / contento

fupi /ndefu

corto / largo

polepole / haraka

lento / rápido

nyevu / kavu

mojado / seco

joto / baridi

caliente / frio

vita / amani

guerra / paz

nambari
los números

0

sufuri

cero

1

moja

uno

2

mbili

dos

3

tatu

tres

4

nne

cuatro

5

tano

cinco

6

sita

seis

7

saba

siete

8

nane

ocho

9

tisa

nueve

10

kumi

diez

11

kumi na moja

once

12

kumi na mbili

doce

13

kumi na tatu

trece

14

kumi na nne

catorce

15

kumi na tano

quince

16

kumi na sita

dieciséis

17

kumi na saba

diecisiete

18

kumi na nane

dieciocho

19

kumi na tisa

diecinueve

20

ishirini

veinte

100

mia

cien

1.000

elfu

mil

1.000.000

milioni

el millón

lugha
los idiomas

Kiingereza

el inglés

Kiingereza cha Marekani

el inglés americano

Kimandarini cha Uchina

el chino mandarin

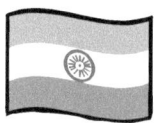

Kihindi

el hindi

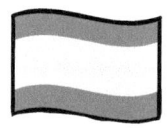

Kihispania

el español

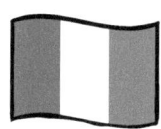

Kifaransa

el francés

Kiarabu

el árabe

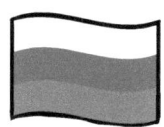

Kirusi

el ruso

Kireno

el portugués

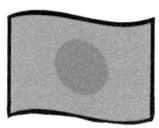

Kibengali

el bengalí

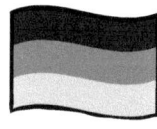

Kijerumani

el alemán

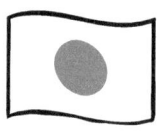

Kijapani

el japonés

mimi

yo

wewe

vos

yeye / yeye / ni

él / ella

sisi

nosotros

wewe

ustedes

wao

ellos

nani?

¿quién?

nini?

¿qué?

jinsi gani?

¿cómo?

wapi?

¿dónde?

lini?

¿cuándo?

jina

el nombre

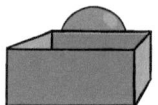

nyuma

detrás

katika

en

mbele ya

adelante de

juu ya

por encima de

kwenye

sobre

chini ya

debajo de

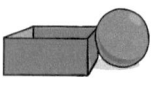

kando

al lado de

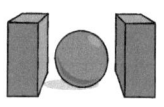

kati

entre

mahali

el lugar